Ann Summers

o pequeno livro do

kama sutra

Conforme Novo Acordo Ortográfico

Ann Summers

o pequeno livro do

kama sutra

Tradução:

Silvia Spada

MADRAS®

Publicado originalmente em inglês sob o título *Little Book of Kama Sutra*, por Ebury Press.

Tradução autorizada do inglês.

Editor:
Wagner Veneziani Costa

Produção e Capa:
Equipe Técnica Madras

Tradução:
Silvia Spada

Fotografias:
© 2008, John Freeman

Revisão:
Arlete Genari
Carolina Hidalgo Castelani

Dados Internacionais de Catalogação na Publicação (CIP)
(Câmara Brasileira do Livro, SP, Brasil)

Summers, Ann – O pequeno livro do Kama Sutra / Ann Summers ; Tradução Silvia Spada. -- São Paulo : Madras, 2010. Título original: Little book of Kama Sutra – ISBN 978-85-370-0446-3
1. Amor 2. Relações sexuais 3. Sexo I. Título.
08-11193 CDD-613.96

Índices para catálogo sistemático:
1. Kama Sutra : Técnicas sexuais 613.96

MADRAS EDITORA LTDA.
Rua Paulo Gonçalves, 88 – Santana
CEP: 02403-020 – São Paulo/SP
Caixa Postal: 12183 – CEP: 02013-970 – SP
Tel.: (11) 2281-5555 – Fax: (11) 2959-3090
www.madras.com.br

Índice

Prefácio

Bem-vindo à moderna e divertida versão de Ann Summers para o mais antigo guia sexual do mundo! Este místico guia sexual com 2 mil anos de idade contém os segredos do sexo que você sempre quis saber. Nós lhes oferecemos uma abordagem do século XXI dos segredos sexuais que há mais de dois milênios satisfazem amantes em todo o mundo. Estas páginas contêm a chave para um novo tipo de sexo, mais profundo e mais intenso. Experimente e divirta-se.

Jacqueline Gold
Superintendente, Ann Summers

O Kama Sutra

Entre em qualquer *sex shop* e você ficará espantado com a diversidade de livros ousados e fantásticos que podem ajudá-lo a aprimorar o seu ato sexual. Há livros sobre sexo hétero, sexo *gay*, sexo careta, sexo com brinquedos eróticos, sexo seguro, sexo com estranhos e sexo com o cônjuge. Todos eles buscam inspiração no primeiro guia sexual do mundo. O *Kama Sutra*, escrito por um príncipe hindu em 4000 a.C., é o guia original para um sexo incrível. E ainda hoje há muito a aprender com ele.

É verdade que o mundo mudou muito nos 2.400 anos desde a primeira publicação do *Kama Sutra*. As atitudes para com o sexo, a saúde e a religião mudaram. A humanidade passou por milhares de aventuras e obteve alguns progressos impressionantes. Mas há ainda uma experiência nunca superada. A sensação de ficar nu e fazer amor com outro ser humano continua sendo, para nós, a experiência mais intensa, excitante e potencialmente gratificante que podemos ter. Os corpos, como sempre, ainda ficam excitados com paixão. Os corações ainda se apaixonam. O orgasmo ainda é delicioso.

Então, o que é o *Kama Sutra*? É popularmente conhecido como uma coletânea de posições sexuais exóticas que exigem a força e a flexibilidade de um ginasta olímpico para o seu domínio. E é verdade que algumas posições descritas no livro realmente se parecem com um ousado jogo de Twister.*

---

* N.T.: Jogo infantil em que se colocam mãos e pés em círculos coloridos, conforme é indicado por uma roleta, o que faz com que os participantes acabem em posições um tanto desafiadoras.

O Kama Sutra *diz que o sexo, às vezes, nos dá um vislumbre do paraíso.*

Porém, o *Kama Sutra* é mais do que simplesmente uma variedade de posições sexuais. É baseado na antiga crença hindu de que o sexo é um caminho para atingir a consciência espiritual, a adoração aos deuses e a limpeza da alma. No pensamento hindu, o sexo não só é considerado natural e necessário, mas também sagrado e uma imitação da criação do mundo.

O *Kama Sutra* abrange todos os aspectos do sexo, desde a sedução e a conversa, até meditação, preliminares, sexo oral e masturbação, poções do amor e primitivos brinquedos eróticos.

Quem, o que e quando?

Em 400 a.C., um velho sábio hindu, chamado Mallinaga Vatsyayana, anotou uma série de sutras ou provérbios sobre o amor. Pouco sabemos sobre sua vida, mas, ao que parece, ele se encarregou de reunir antigas lendas hindus – como a história do deus Shiva e da deusa Parvati, que fizeram amor em seu quarto no palácio por 10 mil anos – e instruções para a arte do casamento. O guia foi escrito, a princípio, para homens jovens, urbanos, que descobriam o sexo pela primeira vez. As mulheres colhiam os benefícios dessa sabedoria, uma vez que Vatsyayana ressalta a importância de colocar o orgasmo da mulher em primeiro lugar. Ele afirma que as

mulheres, sendo criaturas delicadas, desejam "suaves começos", e introduziu o conceito das preliminares bem antes das explicações de revistas para mulheres dos anos 1960!
Utilizando muitos princípios da Yoga, o *Kama Sutra* enfatiza a respiração em conjunto com o parceiro e o estabelecimento de uma conexão espiritual em vez do impulso de penetração rápido e furioso do sexo ocidental mais tradicional. As técnicas são planejadas para retardar o orgasmo masculino (e desse modo conservar a energia sexual que os antigos hindus tanto valorizavam) e intensificar o orgasmo feminino.

O Kama Sutra *original foi escrito para homens, mas, em nossa versão, todas as instruções são unissex, para refletir a igualdade dos relacionamentos modernos.*

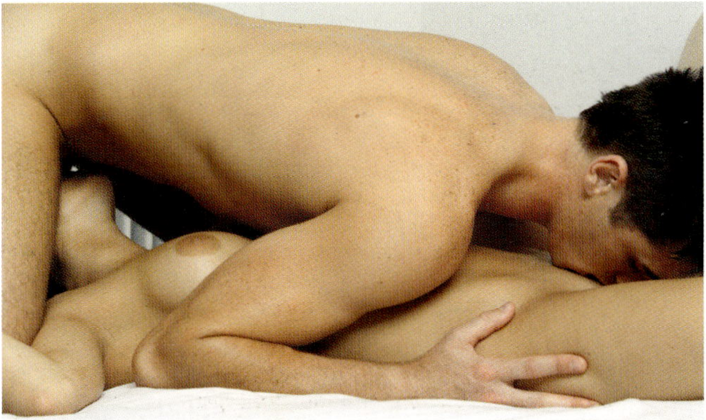

parte um

suaves começos

Embora seja conhecido em todo o mundo por sua lista de posições, o *Kama Sutra* é muito mais um estilo na arte de amar, e é essa parte que interessa no livro. Desde o conhecimento das zonas erógenas do homem e da mulher até a aprendizagem da sedução e de técnicas de respiração profunda, estas páginas só terão a acrescentar às excitantes posições apresentadas na parte dois.

Sabedoria antiga para amantes modernos

Então, qual é a importância desse velho livro empoeirado hoje? O *Kama Sutra* pode oferecer um antídoto para a sociedade supersexualista e para o ritmo acelerado em que vivemos hoje. Ele nos dá um caminho para explorar todos os aspectos de nossa sexualidade – para estimular todos os nossos sentidos e dar acesso a um lado mais delicado e espiritual do sexo, que os ocidentais do século XXI tendem a considerar como uma função corporal, uma via para o orgasmo, e ainda que isso seja verdadeiro, sexo é muito mais que isso. Muitos aspiram a algo mais simples e natural, mas não sabem como começar a trazer de volta a seus quartos a sensibilidade e a espiritualidade.

A antiga sabedoria hindu diz que um casal que segue o Kama Sutra *continuará fiel por 100 anos.*

Sexo tântrico

O sexo tântrico esteve em destaque há alguns anos como uma moda sexual entre celebridades, o que envolvia fazer amor por horas. É verdade que os praticantes tântricos avançados, com anos de experiência, vivenciam sessões de sexo extremamente prolongado, mas isso é só uma parte.

Tanto o sexo tântrico como o *Kama Sutra* oferecem um modo mais espiritual de ver o sexo. O *Kama Sutra* faz uso de muitos princípios do sexo tântrico – mas não são a mesma coisa.

O *Kama Sutra* é fácil de resumir – é uma série de regras escritas destinadas a intensificar as relações sexuais. O sexo tântrico em si é um conceito vago e difícil de ser captado. Sexo tântrico, literalmente, é traduzido como "o caminho" e basicamente vê o sexo como adoração. Ainda que se fundamente em antigas técnicas hinduístas e budistas, sua sabedoria foi transmitida através de gerações – não temos conhecimento de qualquer documento que o resuma.

Assim como o Kama Sutra, *dois outros livros orientais sobre sexo foram escritos – o* Ananga Ranga *e* O Jardim Perfumado. *Algo da sabedoria desses livros foi incorporada a estas páginas.*

O Tantra aborda energia e espiritualidade: a ênfase está nos parceiros cujas mentes se encontraram bem antes da união de seus corpos, e enfoca meditação e intimidade. O sexo penetrativo será a consequência natural de se atingir a unidade espiritual. No sexo tântrico, os parceiros são incentivados a explorar os aspectos opostos de sua natureza. Assim, a mulher pode assumir um papel dinâmico, enquanto seu parceiro cede o controle e relaxa em atitude mais delicada e feminina.

Os praticantes tântricos também acreditam que, a cada vez que um homem ejacula, ele perde energia vital e sagrada; assim, o objetivo do sexo tântrico é evitar, o máximo possível, o orgasmo masculino – uma boa notícia para as mulheres que geralmente levam mais tempo que seus parceiros para atingir o clímax. Para dicas tântricas que ajudam a retardar a ejaculação, ver página 25.

É uma disciplina que requer anos para ser totalmente dominada, mas tente os exercícios de meditação deste livro para ter uma amostra tântrica – pode ser o início de toda uma nova aventura para você e seu parceiro.

Beije e faça as pazes em estilo Kama Sutra*:*
"Quando a fúria separa um casal, ambos devem se acalmar com palavras afetuosas e abraços para que se unam novamente no desejo."

O corpo sagrado

Você pensa que conhece tudo em seu corpo? Pense novamente. Existe muito mais nas suas zonas erógenas do que se ensina na biologia básica das aulas de educação sexual. No *Kama Sutra*, os órgãos masculino e feminino representam muito mais que meras fontes de prazer físico. São sagradas representações da divina energia masculina e feminina geradora de vida.

Repensar sua atitude para com o seu corpo é dar um passo vital para o domínio verdadeiro dos princípios do *Kama Sutra*. Ah, e depois de experimentar as preliminares e o sexo oral ao estilo *Kama Sutra* você nunca mais será o mesmo.

A zona sexual feminina – a *yoni*

Na cultura hindu, a vagina é conhecida como *yoni* e está associada à deusa Shakti, a divina fonte de energia feminina. É a fonte da criação, portanto, é objeto de admiração, reverência e respeito. Os antigos hindus acreditam que, assim como uma boca, ela engolia e consumia a semente masculina.

Olhar a sua *yoni* no espelho é a melhor forma de identificar as diferentes zonas, sendo cada uma delas sensível à sua própria maneira.

- A vulva é a entrada carnuda para a vagina – a parte que você vê ao tirar a calcinha.
- A vagina é a parte interna que você não vê. Quando uma mulher fica excitada, ela se avoluma com sangue e produz lubrificação natural para facilitar a entrada do pênis. O terço inferior da vagina é o mais sensível; quanto mais se avança em seu interior, menos terminações nervosas podem ser estimuladas.

- O clitóris é um pequeno botão carnoso aninhado sob um capuz de pele no alto da vulva, próximo de onde você urina. Tocar, lamber e acariciar o clitóris é a forma mais garantida de levar uma mulher ao orgasmo.
- O ponto G é uma zona altamente erógena localizada cerca de 5 cm acima da parede da frente da vagina. Essa massa de tecido nervoso não pode ser sentida, a menos que seja estimulada, seja com o dedo, o pênis ou um brinquedo erótico, e se diz que seu tamanho é o de um feijão cozido. Há grande controvérsia – muitas mulheres dizem que o estímulo na frente da parede vaginal nada faz por elas, enquanto outras relatam orgasmos extremamente fortes.

O *Kama Sutra* não faz menção ao ponto G, que só foi identificado pelos cientistas no século XX, mas muitas posições no livro, especialmente aquelas que envolvem a penetração por trás, parecem feitas sob medida para se obter orgasmos pelo ponto G.

A antiga arte hindu representa a yoni *como um triângulo que aponta para baixo. Um homem que use sua língua para traçar minúsculos triângulos no clitóris de sua amante descobrirá que sua "adoração" é recebida com muita gratificação.*

A zona sexual masculina – o *lingam*

Não é necessário ir muito longe na arte hindu para se descobrir as recreações do pênis ereto, ou *lingam*, como é conhecido o órgão sexual masculino no *Kama Sutra*. Era a representação de Shiva, o Deus masculino dominante, sendo adorado por todos.

Embora a maioria dos homens brinque com o pênis desde meninos, um exame detalhado do *lingam* vai inspirá-lo a experimentar com o modo como você se toca – e como sua parceira o tocará.

- O "corpo" do pênis é conhecido como haste. Os primeiros 5 a 7,5 cm são os mais sensíveis.
- A ponta, ou cabeça, é a área que mais contém nervos no corpo masculino. Algumas vezes é coberta por um prepúcio (uma camada protetora de pele solta que se retrai quando o homem se excita). Em homens circuncidados, o prepúcio será removido e a cabeça do pênis ficará exposta.
- Os testículos pendem soltos atrás do pênis em uma pequena bolsa de pele chamada escroto.
- A glândula prostática, localizada a poucos centímetros acima na parede frontal do reto, geralmente é referida como o equivalente masculino do ponto G. A glândula prostática é *incrivelmente* sensível à pressão. Alguns homens gostam de um pouquinho de estimulação anal com brinquedos eróticos, línguas ou dedos.
- Para homens que não gostam de ação por trás, o períneo – a área de pele entre os testículos e o ânus – também é sensível à pressão, sendo uma forma de acessar a glândula prostática sem penetrar o ânus.

Nos templos hindus, encontram-se, até hoje, representações do lingam. *Venere o* lingam *de seu parceiro – não existe um homem vivo que não adore ouvir sua amante louvar verbalmente a sua ereção.*

Uma Mulher Pequena e um Sr. Grande – uma palavra sobre tamanho

No *Kama Sutra*, homens e mulheres eram classificados em três categorias, dependendo do tamanho de suas *yonis* e seus *lingams*. Um homem podia ser um coelho (pequeno), um touro (grande) ou um garanhão (maior). As mulheres, por outro lado, eram conhecidas como uma corça (pequena), uma égua (grande) ou uma elefanta (maior). Vatsyayana recomenda muito que as uniões mais satisfatórias são as ocorridas entre tipos semelhantes – uma mulher corça com um homem coelho, uma mulher égua com um homem touro, uma mulher elefanta com um homem garanhão.

Hoje se sabe que a maioria dos pênis é compatível com a maioria das vaginas – de fato, *yoni* e *lingam* que não conseguem uma união feliz são realmente criaturas raras. Mas se houver grande discrepância em seus tamanhos, tente isto:

- Se um pênis grande tornar o sexo desconfortável, tente posições em que a vagina fique mais alongada e a penetração seja superficial, como em A Trança (página 63).
- Se o pênis parece pequeno, tente posições de penetração por trás, ou aquelas em que o ângulo das pernas encurta a vagina, como em Os Gatos (página 88).

Masturbação em estilo *Kama Sutra*

Durante a maior parte do século XX, houve uma atitude pouco saudável em relação ao sexo solitário ou masturbação – em que você usa a mão ou um brinquedo erótico para chegar ao clímax. Todos o praticavam, mas ninguém falava a respeito. Supostamente, os homens se masturbavam como loucos, mas muitas pessoas sentiam que era impróprio – anormal até – que as mulheres se tocassem para ter prazer sexual.

Felizmente, o *Kama Sutra* não tem tempo para esse tipo de tolices. A verdade é que, para ambos os sexos, é vital tocar-se para ter o prazer, assim como deleitar-se em carícias em parceria. Como dizer a seu parceiro do que você gosta se nunca experimentou em si mesma? E o texto antigo está repleto de técnicas que mostram tanto a homens como a mulheres como se consegue o máximo do sexo – tendo mais alguém no quarto ou não.

Damas primeiro – masturbação para mulheres

Várias técnicas para friccionar a *yoni* eram recomendadas no *Kama Sutra*. Considerava-se importante para a mulher "destravar" toda a energia sexual criativa e doadora de vida presa em sua *yoni*. Era considerado fundamental para seu bem-estar mental, espiritual e corporal libertar de vez em quando essa energia. O *Kama Sutra* também enfatizava a importância de a mulher saber como se excitar para poder mostrar ao parceiro o que queria e ficar pronta para aceitar seu pênis.

Se você nunca se masturbou antes, reserve algum tempo para explorar seu corpo. Procure um local onde fique confortável e não seja perturbada. Respire profundamente (veja exercícios nas páginas 32-33) para liberar a tensão e relaxar dos estresses do dia.

A masturbação tem tanto a ver com sua mente quanto com seu corpo; portanto, leia um romance erótico ou assista sua cena de amor favorita de um filme, fantasie sobre seu parceiro, ou então baixe da Internet, ou alugue, um filme erótico. Compre um lubrificante em uma *sex shop* para suplementar sua lubrificação natural.

Com os dedos indicador e médio, toque delicadamente seu clitóris e alise os lábios. Para começar, mantenha um ritmo constante, com muitos toques tremulantes. Depois de descobrir o que lhe dá prazer, poderá experimentar e aumentá-lo, provocando seu corpo com muitos movimentos breves de começa-e-para. A chave é manter um ritmo lento e constante em seu clitóris: leva em média 20 minutos para atingir o orgasmo, e se você nunca chegou ao clímax antes, pode levar até mais.

Experimente posições:

- Se não houver um lugar para deitar-se de costas, vire-se e deite-se de bruços, com as mãos sob a pelve: o peso extra de seu corpo sobre sua mão pode proporcionar fricção adicional.
- Se o seu clitóris for muito sensível ao toque direto dos dedos, ou se preferir a sensação de ser tocada por outra pessoa, tente friccionar-se contra o travesseiro – o clitóris parece um botãozinho carnudo, mas as terminações nervosas espalham-se por toda a área pélvica; assim, a estimulação direta nem sempre é a forma mais eficaz de atingir o orgasmo.
- Se ficar frustrada porque nada está acontecendo, faça seus exercícios de respiração profunda, leia aquele seu livro descarado e comece de novo. O ponto principal no sexo tântrico está em explorar mente, corpo e espírito e não em atingir o orgasmo; portanto, não aplique pressão indevida sobre si mesma. Se não funcionar essa noite, tente de novo

amanhã. O mais importante é fazer algo que seja gostoso e natural para você.

- Se tocar a si mesma não lhe der prazer – ou se imaginar uma mudança –, use um vibrador em ajuste baixo, mantendo-o sobre o clitóris, ou mesmo apoiado entre os joelhos (os usuários iniciantes de brinquedos eróticos geralmente não estão preparados para a velocidade e a força dos modernos vibradores e acabam se machucando ou entorpecendo as próprias partes que estão tentando estimular).

É mais provável que você atinja o clímax com um brinquedo erótico do que com as mãos apenas. Depois de ter um orgasmo, seu corpo conhecerá o fabuloso auge que procura, e mais provavelmente lhe dará outro. Continue experimentando com as mãos, uma vez que os brinquedos podem ser um tanto viciantes...

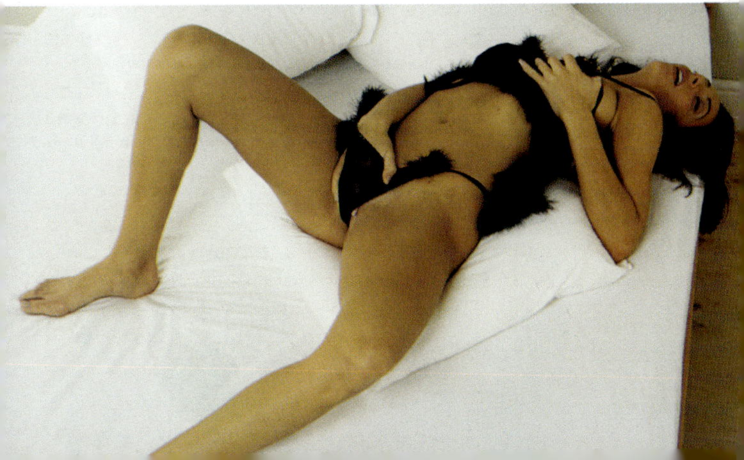

Dê uma mãozinha ao homem – masturbação masculina

A maioria dos homens tem tanta prática quando se trata de masturbação que acham que possivelmente nada mais têm a aprender. Não é verdade! Para dominar o *Kama Sutra* é preciso desaprender as técnicas de sexo solitário que utilizou a vida inteira e ver a masturbação sob uma luz totalmente diferente. A maioria dos caras cresce masturbando-se rapidamente com receio de serem surpreendidos, e podem atingir o clímax em poucos segundos. Mas grande parte do *Kama Sutra* trata do prolongamento do prazer masculino até que ela tenha obtido o dela. A boa notícia é que existem técnicas que podem ser usadas para treinar uma duração mais prolongada.

Primeiramente, mude sua posição habitual. Se geralmente você se masturba deitado ou sentado, tente de joelhos. Isso fará o sangue afluir para outra parte de seu corpo longe do pênis. Se normalmente utiliza pornografia, tente deixar sua imaginação proporcionar as imagens. Ao se tocar, evite a tentação de usar movimentos firmes e duros, tornando-os leves e suaves. Só isso envolverá mais tempo.

Tipicamente, à medida que se aproxima do clímax, sua respiração fica mais rápida e superficial. É um reflexo natural, e que você nunca encarou como desafiador. Mas ao controlar algo tão simples como seus padrões respiratórios, com base nas técnicas de Yoga, aprenderá a controlar, retardar ou até evitar a ejaculação.

Ao sentir que está para gozar – mas antes que você atinja aquele ponto sem volta em que nada neste mundo poderá impedir o orgasmo –, pare de se tocar e concentre-se em sua respiração. Conte lentamente até quatro, à medida que inspira, e lentamente até quatro, quando expirar. Não toque o pênis novamente até sentir que a ereção começou a ceder. Mantenha-se assim o máximo possível, e com prática, poderá triplicar o período de tempo que leva para atingir o auge. Essa técnica pode ser praticada na relação sexual ou nas preliminares, quando você se afasta de sua parceira e se concentra no prazer dela por alguns momentos antes de retornar ao seu pênis.

Depois de ter o domínio sobre isso, tente o "gozar seco", desenvolvido pelos antigos hindus, uma vez que era considerado tabu para o homem "desperdiçar sua semente', tida como energia preciosa e doadora de vida.

Masturbe-se como orientado acima, mas quando parar de se tocar, pressione seu músculo pubococcígeo (PC), que circunda a base do pênis e o ânus (é o que você usa para iniciar e interromper o fluxo de urina à micção). Em vez de pensar que seu sêmen está jorrando, visualize-o voltando sobre si mesmo, deslocando-se pênis abaixo, até a espinha e dispersando-se pelo seu corpo.

Os homens que conseguem com sucesso completar esse exercício dizem que eles gozam, mas não ejaculam, e têm um orgasmo de corpo inteiro que pode ser sentido ainda horas depois. E quando sentir que encheu o próprio corpo com essa energia, terá preservado tudo. Isso também pode ser usado durante a penetração, mas não como um método de sexo seguro ou controle de natalidade – até os praticantes mais avançados do tantra algumas vezes perdem o controle!

Brinquedos exóticos

Você pensa que os brinquedos eróticos são novos? Pense de novo! O *Kama Sutra* afirma que as "mulheres do harém real" (essas seriam as cortesãs e com mais habilidades sexuais que as mulheres de sua época) muitas vezes provocariam o próprio prazer com "bulbos, raízes e frutas com a forma de *lingam*".

Felizmente, não é preciso atacar os feirantes para obter vegetais com formatos interessantes. É muito mais fácil e higiênico utilizar um pênis artificial de fabricação especial – um pênis falso, geralmente feito de borracha ou plástico, disponível em vários tamanhos em *sex shops* – para experimentar *com* o tipo de tamanho, pressão e investida de que você gosta. Deslizar um pênis artificial dentro da vagina, enquanto acaricia o seu clitóris, é uma excelente forma de ter a sensação de penetração e estimulação simultâneas. Os vibradores também são uma ótima maneira de obter a estimulação do clitóris que a maioria das mulheres considera vital para o orgasmo.

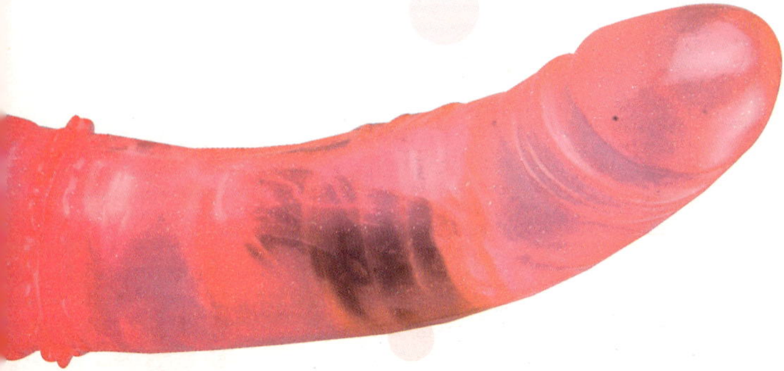

E os brinquedos eróticos antigos não eram apenas para mulheres. O *Kama Sutra* refere-se aos *apadrayvas*, objetos que eram postos sobre ou ao redor do pênis para suplementar seu tamanho ou espessura. Seu equivalente do século XXI são os anéis penianos, desenhados para se adaptar em torno da base do pênis e do escroto, restringindo o fluxo de saída peniano. Isso pode ser útil para prolongar uma ereção até que a mulher chegue ao auge. Um anel peniano interrompe a subida dos testículos pelo seu corpo, o que ocorre no ponto do orgasmo – interrompendo assim o orgasmo até que se remova o anel. Podem ser feitos de borracha elástica ou metal, silicone ou couro, sendo também disponíveis em *sex shops*. Nunca o use por mais de 20 minutos, e retire-o imediatamente se começar a machucar. Evite-os se tiver problemas de pressão arterial, coágulos ou diabetes.

Chacras

O sexo tântrico utiliza chacras para mapear o corpo. De acordo com essa filosofia, há sete diferentes pontos no corpo que são centros de distintos tipos de energia. Cada chacra tem sua própria cor e está associado a um determinado estado espiritual, físico e emocional.

Durante uma relação sexual, use qualquer dos chacras como uma zona erógena. Por exemplo: se tiver problemas de autoconfiança, então peça ao seu parceiro que beije o chacra do plexo solar – o manipura. Focalizar-se nos chacras durante uma meditação solitária também pode eliminar energias bloqueadas. Veja na página 36 a meditação do chacra que ambos podem fazer juntos antes do sexo.

Sahasrara (Violeta)
Chacra da coroa – é o centro da conexão espiritual e êxtase.
Logo acima da coroa da cabeça.

Ajna (Púrpura)
O chacra das sobrancelhas, também conhecido como "terceiro olho", é a imaginação e a percepção.
Entre os olhos.

Vishudda (Azul)
O chacra da garganta relaciona-se ao autoconhecimento e à expressão.
No pescoço.

Anahata (Verde)
O chacra cardíaco é o centro do amor, do compartilhar e da confiança.
Entre os mamilos.

Manipura (Amarelo)
O chacra do plexo solar é o centro da confiança.
Na base da caixa torácica

Svadhishtana (Laranja)
O chacra sacral é o centro do equilíbrio, movimento e estabilidade.
Logo abaixo do umbigo.

Muladhara (Vermelho)
O chacra básico é o centro do desejo sexual e do parto.
Na pelve.

Preliminares em estilo Kama Sutra

Embora seja famoso por suas posições, o *Kama Sutra* põe tanto – se não mais – ênfase na preparação para o sexo quanto no próprio ato. Na época de Vatsyayana, presumia-se que os casais não fariam sexo antes de sua noite de núpcias, e ele sugeria aos homens que cortejassem suas parceiras por dez dias depois do casamento. Você não precisa resistir por dez dias – mas encontrar a harmonia juntos, antes de irem para a cama, pode levar o sexo a um nível totalmente novo.

Cenas de sedução

O quarto onde se faz sexo é importante. O *Kama Sutra* recomenda um "quarto de prazer, decorado com flores e aromatizado com perfume". Se o seu orçamento não se estender até dúzias de pétalas de rosas, então pelo menos garanta que sua roupa de cama seja nova, fresca e aconchegante. É uma boa ideia dar prioridade a seu quarto de dormir como um lugar para sexo e sono – tente deixá-lo sem televisores, rádios e outras distrações.

O *Kama Sutra* também o aconselha a passar dez dias conversando e "brincando e cantando". Mais uma vez, não é necessário aprender a tocar cítara e fazer serenata para sua amante todas as noites. O importante é encontrar tempo para conversar, fazer carinho, talvez comer e beber, mas nunca chegando ao sexo com penetração. Aproveite esse momento para experimentar e descobrir o que excita o outro. Leiam literatura erótica em voz alta um para o outro. Presenteiem-se com agrados – brinquedos eróticos, tinta para corpo, lubrificantes – algo que ofereça à sua amante uma dica sobre o sexo que você gostaria de fazer no final de sua "corte".

Despir-se mutuamente era parte importante do ritual de fazer amor do *Kama Sutra*: um despia o outro ou fazia um *striptease* lento e *sexy*. Use muitas camadas finas e tire uma a uma até ficar só com a sua melhor *lingerie* – não é preciso ficar totalmente nua, se não quiser.

Banhar-se e aplicar óleo ao corpo também eram aspectos essenciais das preliminares do *Kama Sutra,* podendo intensificar muito o sexo dos amantes modernos. Além de assegurar que seus corpos estivessem limpos e agradáveis, demonstrando um respeito básico, a prática cultivada de um parceiro lavar o outro em banheira, ou no chuveiro, massageando os corpos com óleo, é perfeita para atingir a zona espiritual e suave da relação sexual de que se fala ao longo de todo o *Kama Sutra*. Nesse ponto, o toque e a carícia devem ainda ser feitos com ternura e não com aberta sexualidade. Adornem seus corpos – ele pode amarrar lentamente os laços laterais das calcinhas da parceira, ela pode ajudá-lo carinhosamente a travar o fecho da corrente em seu pescoço.

Combinem de não fazer sexo por algumas noites. Quanto maior o tempo de renúncia, mais profundos serão os vínculos espirituais – e mais fortes seus orgasmos quando fizerem sexo.

Uma palavra sobre técnicas tântricas de respiração

A respiração é a essência da vida – até nós no Ocidente sabemos disso! Mas enquanto a vemos como uma função biológica básica, a sabedoria oriental sempre a viu como prana, uma importante ligação entre corpo e alma. Acredita-se que o fluxo da respiração pelo corpo represente o fluxo da vida e, portanto, que seja dotado de poder e energia.

Aprender a carregar o corpo com energia por meio de respiração profunda limpará sua mente, deixando-a pronta para o sexo. As técnicas de respiração aumentam a intimidade entre os parceiros em qualquer estágio. Focalizar-se na própria respiração o ajuda a se centrar, tornando-o totalmente consciente do momento sem se distrair com pensamentos cotidianos, como a sua lista de compras ou as preocupações do trabalho. Respirar profundamente também ajuda a relaxar o corpo inteiro e produz uma sensação de calma e bem-estar que parece elevar-se do centro de seu ser. Em nível biológico básico, o oxigênio fluirá

por todo o corpo para que, finalmente, quando ambos se tocarem, suas peles e terminações nervosas estejam altamente sensibilizadas.

Inspire, expire. Muitas técnicas diferentes de respiração e visualização podem ser usadas para ajudar a unir a sua energia à de seu/sua parceiro(a), mas primeiramente será necessário aprender a controlar a sua própria respiração. Descubra um espaço tranquilo onde não seja perturbado. Deite-se de costas, em uma cama ou esteira no chão, o que for mais confortável.

- Feche os olhos.
- Pense em cada parte do corpo, em sequência, começando pelos dedos dos pés e deslocando-se para as pernas, pelve e parte superior do corpo. Imagine que cada respiração os renova e alimenta.
- Continue respirando, mas agora inspire e expire da forma mais lenta e profunda possível. Respire a partir de seu ventre e não do peito – a respiração curta e superficial pode deixá-la zonzo. Pense no ar que está entrando e saindo e na sensação de sua pele. Sempre que sua atenção vaguear para as preocupações da vida diária, volte à consciência de sua respiração e nada mais.

Prender a respiração logo antes do clímax pode tornar a experiência ainda mais intensa.

Meditação respiratória básica para dois. Sentem-se bem perto, frente a frente, um olhando nos olhos do outro. Sintam-se como se olhassem o centro da alma de seu parceiro: imaginar uma flor de lótus entre os mamilos de seu parceiro, no chacra cardíaco, pode ajudá-lo a focalizar a atenção. Em seguida, feche os olhos, respire lenta e profundamente, focalizando-se apenas em sua inspiração e expiração.

- Deixe sua respiração começar a se mover em compasso com a de seu/sua amante. Vocês passarão naturalmente para um padrão conjunto, como o erguer e abaixar de uma onda.
- Se achar difícil sincronizar os padrões respiratórios, um dos dois pode conduzir enquanto o outro o acompanha. Depois de respirarem juntos, reverta isso para que o outro parceiro passe a conduzir, e alterne os "condutores" até que naturalmente respirem juntos.

Meditação com carícias

Vocês se revezarão nessa meditação, assim qualquer parceiro poderá ser o primeiro. Comece com uma meditação respiratória para dois para sincronizar suas energias. Enquanto um se deita de costas na cama, de olhos fechados, o parceiro ativo acaricia-o delicadamente da cabeça até o dedo do pé. Use os três dedos centrais da mão, concentrando-se em cada polegada do corpo com exceção dos genitais. Continue com toques leves e carícias por 20 minutos. Enquanto acaricia seu (sua) parceiro(a), visualize-o(a) como um(a) deus(a) ou um(a) príncipe/ princesa, e pense em seus carinhos como uma dádiva de adoração. Se a sua mente vaguear, focalize-se na respiração em conjunto.

A meditação dos cinco sentidos. Esta meditação é um verdadeiro presente quando um parceiro deseja mimar o outro e seduzi-lo(la) para o sexo. Comece com a sua meditação respiratória básica. Em seguida, o parceiro passivo deita-se de costas, enquanto o outro venda seus olhos, preparando-se para mimá-lo e cobri-lo de atenção, satisfazendo a cada um de seus sentidos.

- **Olfato** – esfregue um óleo essencial ou aromático de massagem no peito dele.
- **Audição** – sussurre em seus ouvidos palavras de amor e coisas sensuais que gostaria de experimentar.
- **Paladar** – passe lubrificante aromatizado nos lábios de seu parceiro e beije-os.
- **Tato** – deslize uma pena sobre seu corpo e observe-o tremer.
- **Visão** – retire a venda e deixe que seu parceiro se fascine com a visão de seu corpo nu.

Meditação do Chacra. Esta é uma técnica avançada de meditação tântrica; portanto, certifiquem-se de estarem confiantes em suas capacidades de se concentrar e respirar juntos por períodos extensos antes de tentar. Sentem-se de costas um para o outro, pernas cruzadas e as costas se tocando, mãos no colo, com as palmas voltadas para cima. Respirem profundamente por cinco minutos, coordenando, sentindo seus pulmões se expandirem e contraírem juntos. Então comecem a se concentrar em cada chacra, um por vez (deixe este livro aberto na página 28, se não quiserem memorizar tudo).

- Comecem com muladhara, o chacra básico, que se encontra em suas pelves. Focalizem-se nessa parte do corpo e pensem nas emoções e energias associadas a esse centro energético – prazer sexual, reprodução.
- Visualizem esses ricos tons de vermelho do chacra. Deixem a cor inundar suas mentes até que o olho interior nada mais veja senão um mar de cor.
- Repitam o mesmo processo para cada chacra, passando três minutos (ou enquanto a sensação for boa) em cada um. Quando a meditação terminar, passem cinco minutos respirando. A partir de então, um vira de frente para o outro e passam para a posição de se beijar.

É preciso tempo para dominar essas meditações.
Se sua atenção começar a se desviar, volte à meditação respiratória básica, da página 34, o tempo necessário para fazê-lo se sentir próximo novamente.

Os beijos do Kama

Um beijo maravilhoso é, por si só, um prazer, assim como uma ótima preliminar. Vatsyayana escreveu que um homem deve beijar sua parceira na boca com delicadeza e elegância e que esta é a chave para "destravar sua paixão e desejo', e ele não estava errado. Algumas pessoas até dizem que um beijo intenso desencadeia o orgasmo.

O *Kama Sutra* diz que se deve manter a boca em ordem, doce e limpa. Isso significa respeito e consideração – afinal, você quer que sua parceira corresponda ao beijo. Assim, use fio dental, escova, gargarejos e prepare-se para beijar como nunca beijou antes.

O beijo nominal. Este é um beijo hesitante, experimental. Os amantes se tocam delicadamente com os lábios, mas nada além, habituando-se um a sentir a boca do outro, respirando em compasso e sentindo a energia que flui entre ambos.

O beijo pressionado. Um parceiro pressiona com firmeza o lábio inferior do outro, com os lábios ou com um

dedo. Essa pressão, especialmente quando feita com o dedo e acompanhada por um contato labial total, leva as coisas para outro estágio.

O beijo virado. Um parceiro pega o queixo ou o rosto do outro em suas mãos e o vira para cima. Isso expõe a boca e os lábios para a total exploração.

O beijo no lábio superior. Conhecido em sânscrito como *uttarachumbita*, o beijo no lábio superior é um clássico do *Kama*. Usando a língua e o lábio inferior, o homem suga delicadamente o lábio superior da mulher, enquanto ela por sua vez beija seu lábio inferior. Ele dá particular atenção ao local em que o lábio superior se encontra com a gengiva. O ensinamento tântrico diz que os nervos desse local estão diretamente ligados ao clitóris.

O beijo preso. Um parceiro prende ou pressiona os lábios do outro entre os seus, criando uma pressão erótica. A partir desse ponto, um explora delicadamente a boca do outro com a língua.

Os jogos de beijos do *Kama Sutra*

40

O sexo é uma das poucas áreas que permite que os adultos se divirtam, e o *Kama Sutra* reconhecia isso. O livro descreve um jogo em que cada parceiro tenta ser o primeiro a prender os lábios do outro entre os dentes.

Se a mulher perder, diz Vatsyayana, "ela deve fingir que chora, e afastar-se dele". Então deverá esperar até que o amante adormeça, para "prender seu lábio inferior entre os seus dentes para que ele não possa escapar". Ela deve celebrar sua vitória "rindo e dançando". Em termos modernos, essa divertida competição pode progredir para uma luta com travesseiros ou uma leve briga de brincadeira. Ou então podem-se inventar as próprias prendas – o perdedor terá de passar 20 minutos massageando o parceiro vencedor.

Não reserve os beijos só para o rosto! Você pode explorar todas as zonas do corpo do seu parceiro.
Lembre-se que está adorando o seu parceiro com a boca – beijos em todo o corpo podem ser uma incrível maneira de fazer isso, quando as palavras não são suficientes.

Usando a cabeça

No *Kama Sutra*, a cabeça é uma das mais importantes zonas erógenas – é a parte do corpo mais próxima dos céus e, por essa razão, é digna de atenção especial.
As técnicas a seguir eram importantes aspectos das preliminares e das relações sexuais para os antigos hindus – tão importantes quanto beijar, acariciar ou o sexo oral. Todas as dicas são unissex.

Duas mãos no cabelo. O casal está sentado ou em pé. Ele enreda seus dedos nos cabelos da porção lateral da cabeça da parceira e, com as palmas das mãos contra o seu rosto, puxa-a para si, aproximando os dois em beijo apaixonado. Ele pressiona o lábio inferior da parceira que responde com a mesma ação.

Puxando e beijando. Ela corre seus dedos pelos cabelos da parte dorsal da cabeça do parceiro e une as cabeças, em um beijo pressionado. Com a outra mão, ela acaricia o rosto e o pescoço dele.

O puxão do dragão. Os amantes ficam com os corpos pressionados e as pernas entrelaçadas. Ele segura os cabelos dela por trás, enquanto ambos pressionam as bocas, uma contra a outra, em um longo e profundo beijo de língua. Embora o sexo ainda não tenha acontecido, o casal está unido da cabeça aos pés.

O abraço de união pelos cabelos. Um parceiro segura os cabelos do outro logo acima das orelhas, aproximando o rosto do outro. Olhem profundamente nos olhos um do outro, trocando beijos rápidos e constantes em todo o rosto e na boca. Esse beijo é recomendado logo antes da penetração e pode ser repetido durante o ato sexual.

Toques tântricos

O modo de tocar o seu parceiro durante as preliminares muitas vezes é instintivo, mas ter à mão algumas técnicas tântricas pode levar ambos a experimentar novas sensações.

Perfuração. Isso soa alarmante, mas "perfuração" não quer dizer que um vai furar o outro com agulhas. Perfuração significa um delicado roçar da pele com carinhos suaves, secos e leves como pluma. Pode se referir especificamente a quando o homem roça levemente o clitóris da mulher com a base de seu pênis, uma fabulosa técnica tântrica que fará com que ela implore por mais.

A pata do pavão e a unha do tigre. Essa é a tradição de pressionar ou arranhar o corpo com as unhas em sinal de intensa paixão. Uma das principais áreas para isso era o seio da mulher, embora qualquer zona erógena sirva. Uma

linha curva, desenhada com uma unha, é conhecida como a “unha do tigre”, enquanto cinco crescentes de pontadas feitas com as unhas são a “pata de pavão”. Nem todos se sentem confortáveis com esse tipo de arranhadura apaixonada; portanto, verifique primeiro com seu/sua parceiro(a).

A mordida do javali e a nuvem rompida. Mordidas de amor são outra forma intensa de estimulação que agrada alguns casais, e o *Kama Sutra* recomenda como um prelúdio para o sexo total. Mordiscar delicadamente a pele de seu amante para marcá-lo com um leve círculo é chamado de nuvem rompida. Se a marca for feita no ombro, onde a pele fina é supersensível, é conhecida como a mordida do javali.

Ponha suas mãos em mim

Agora que passaram algum tempo meditando, beijando-se e acariciando-se, podem passar para as formas mais íntimas de toque mútuo. O *Kama Sutra* recomenda a masturbação mútua antes do sexo para assegurar que tanto o homem como a mulher estejam prontos para aproveitar ao máximo as posições.

46

Como tocar uma mulher

- Nunca se esqueça de adorar a *yoni*: elogie e converse com ela enquanto estiver tocando-a.
- Use lubrificante e não se ofenda se ela não se umedecer muito depressa. Muitas mulheres levam alguns minutos para se autolubrificar e alguns fatores, como medicação ou desidratação, em geral podem interromper a sua lubrificação.
- A lentidão e a constância são a chave para estimular o clitóris. Quando ela disser "não pare", não pare!
- Descanse seu cotovelo em seu osso púbico para não cansar a mão e manter o ritmo constante que ela precisa.
- Experimente diferentes posições para ver qual a deixa mais excitada: com os joelhos entre as pernas dela ou tocando seus órgãos sexuais por trás, enquanto você está se deitando, pode ser muito eficaz.
- Não introduza seus dedos na sua parceira de imediato. Lembre-se da ordem de Vatsyayana de que as mulheres precisam de "suaves começos". É mais provável que ela se lubrifique (ou chegue ao orgasmo) com a estimulação do clitóris do que se você utilizar os dedos como um pênis em miniatura.
- Se você introduzir os dedos na parceira, verifique se ela está lubrificada o suficiente para estar confortável. Curve

delicadamente o dedo indicador para frente e faça um movimento de "vem cá" na parede frontal de sua vagina. Isso estimulará seu ponto G.

- Provoque-a circundando o seu clitóris com o polegar e o indicador de forma que ele já esteja excitado quando você tocá-lo diretamente.

Como tocar um homem

- Não esqueça o elemento de adoração do *lingam*. Nunca nenhum homem se enjoou de ouvir uma mulher lhe dizendo que seu pênis é grande.
- Pergunte-lhe do que ele gosta. Nada se compara à comunicação com o seu parceiro.
- Sente-se entre seus joelhos: assim poderá tocá-lo de um ângulo que por si mesmo ele não consegue, levando inovação a uma atividade que ele sempre fez sozinho.
- Aninhe o pênis entre seus seios para fazer um carinho suave e sensual, o que também dá tempo a seu pulso para descansar.
- Lubrifique, lubrifique, lubrifique: ele não produz qualquer lubrificação natural, então as mãos secas no pênis causarão queimaduras de fricção – não é o que você deseja. Aqueça o lubrificante entre suas palmas antes de aplicá-lo.
- Empunhe o pênis, com a mão frouxa, deslizando-a para cima por todo o corpo peniano. Pense nisso como se fosse um "aceno real" do monarca, mas de cabeça para baixo – e com um grande pênis em sua mão. A virada estimula a cabeça sensível. Enquanto isso, a outra mão estará na base do pênis, pronta para subir e reiniciar todo o processo.

Sexo oral

O *Kama Sutra* classifica o sexo oral como a melhor maneira para os parceiros se prepararem para o ato sexual, e dá instruções detalhadas sobre as técnicas. Mesmo que essas dicas sejam ótimas como guia, é importante também que ambos continuem a se comunicar, sabendo qual é o movimento que mais agrada o outro.

Vatsyayana descreve o sexo oral como uma técnica avançada da preliminar, mas esses movimentos são tão deliciosos que não há nada que os impeça de aproveitá-los por si sós e de usar a boca para levar ao orgasmo mútuo.

Nem sempre é possível focalizar-se na respiração profunda durante o sexo oral, mas você pode inspirar e expirar profundamente enquanto recebe os lábios de seu amante.

O beijo na *yoni* – como fazer sexo oral em uma mulher

Nas culturas orientais, a *yoni* simboliza a reverência e o respeito para com a mulher como doadora de vida. A *yoni* é o lótus florescente, sendo o clitóris o seu botão. Beijar e acariciar essa delicada florescência libera energia sexual. Os sucos que fluem quando ela está excitada também contêm essa energia. Ah, e lamber e acariciar o clitóris também é a via mais garantida de excitar uma mulher ou fazê-la gozar.

Beijo da *yoni* pressionado. Ele pressiona seus lábios contra sua vulva apoiando as mãos na coxa dela.

Carícias externas na *yoni* com a língua. Ele delicadamente abre a vagina dela com seus dedos e acaricia os grandes lábios vaginais com sua língua e boca.

Carícias internas na *yoni* com a língua. Ele explora um pouco mais profundamente, roçando com a língua os pequenos lábios vaginais e saboreando o suco de sua *yoni*.

Beijando a florescência da *yoni*. Ele abre com suavidade os lábios vaginais da parceira para expor seu clitóris. Delicadamente, com a língua, acaricia seu clitóris para cima, ao longo do eixo, e através da cabeça, lambendo cada um dos lados para cima e para baixo.

O esvoaçar da borboleta. Ele agita suavemente a ponta da língua em seu clitóris. Esse movimento faz com que a mulher enlouqueça mais do que qualquer outro do *Kama Sutra*.

Sugando a florescência da *yoni*. Ele prende o clitóris na boca em delicado movimento de sucção.

Beijo com penetração da língua. À medida que ela vai ficando mais excitada, ele usa a língua como um minipênis, penetrando e retirando novamente.

Dicas tântricas para o prazer dela

- Comece beijando-a na boca – praticando os beijos na boca que você está prestes a aplicar à *yoni*. Muitos hindus acreditavam que o lábio superior da mulher estava ligado ao clitóris; portanto, este será o primeiro a receber suas atenções orais.

- Adore a sua *yoni*: diga-lhe que você adora o seu cheiro e sabor.
- A melhor posição para ela é deitada ou sentada na cama, com as coxas caídas para um dos lados. Se colocar um travesseiro sob seus quadris, será mais fácil visualizar, sentir e adorar a sua *yoni*.
- Não há necessidade de mudar de uma técnica para outra, se essa estiver agradando a mulher.
- Se achar que ela está para gozar, continue a repetir a técnica exata que a levou a esse ponto. Ao contrário dos homens, as mulheres não têm aquele "ponto sem volta", quando o orgasmo é inevitável. Ela precisa das mesmas deliciosas sensações que vão aumentando até chegar o momento em que o orgasmo se propaga pelo seu corpo.

52

O beijo no *lingam* – como fazer sexo oral em um homem

No *Kama Sutra*, a felação é chamada de beijo no *lingam*, ato sexual com a boca ou "chupar manga". É intensamente excitante para um homem e, com um pouco de prática e cuidado, a mulher a domina com facilidade. O *Kama Sutra* recomenda as sete técnicas a seguir, realizadas na sequência certa.

Nimita. Segure a base do pênis ereto dentro da mão e acomode-a entre os lábios.

Parshvatodashta. Cubra a ponta do pênis com seus dedos reunidos como um botão de flor, pressione então os lados com os seus lábios.

Bahih-Sandamsha. Ponha o pênis mais fundo dentro da boca, em seguida retire-o lentamente.

Chumbitaka. Segure o pênis em sua mão e beije-o como se fosse os lábios dele.

Parimrishtaka. Passe a língua por todo o pênis, dando atenção especial à ponta.

Amrachushitaka. Ponha o pênis até a metade em sua boca. Sugue-o com firmeza (é desse ato que vem o nome "chupar manga").

Samgara. Ponha todo o pênis dentro da boca e tente engoli-lo. Acomode-o delicadamente em direção ao fundo da garganta para impedir que tenha ânsia.

Dicas tântricas para o prazer dele. Não esqueça de adorar o seu *lingam*. Faça ruídos de *mm-mmm* e contato visual que lhe demonstre como está gostando de fazer isso.

- Faça o que for gostoso. As sete técnicas são apenas um guia: se um de vocês odiar/adorar um movimento, então retire-o ou repita-o até ver resultados.
- Fique com uma das mãos na base do pênis. Seus dedos que o circundam não só lhe darão a sensação de uma penetração mais profunda, mas também significará que você pode controlar sua investida e impedir que lhe cause ânsia.
- Se achar que ele está para gozar, pressione delicadamente o seu períneo. Isso o levará ao máximo prazer, atingindo um orgasmo profundo e intenso.
- O beijo no *lingam* pode ser apreciado por si só ou como parte das preliminares. Se quiser levá-lo ao clímax, combine antes de começar se você engolirá o seu esperma. O *Kama Sutra* descreve o sêmen como um líquido precioso, que não deve ser derramado, e muitos homens adoram ver sua amante bebê-lo. Mas se você não quiser, ele respeitará sua vontade.

Parte dois

as posições do *Kama Sutra*

Bem-vindo às páginas que tanto esperava – a lista de posições que deram fama mundial ao *Kama Sutra*. O *Kama Sutra* serve para todos os amantes, desde o novato até o experiente, e indicamos quais são as posições adequadas para determinados humores e níveis de capacidade física.

As posições do Kama Sutra

Enquadramos as posições em três categorias, começando com o sexo suave e sensual, passando para movimentos mais intensos, energéticos e terminando com posições que exigem mais fisicamente.

Nível 1 Lento e Sensual – posições fáceis de fazer e acessíveis a todos. Ideal para o tantra praticado pela primeira vez.

Nível 2 Profunda e Atrevida – para noites em que a paixão domina e você precisa de mais intensidade de penetração.

Nível 3 Erótico Acrobático – não é para os fracos. São essenciais: um corpo flexível e forte, e senso de humor!

Podem ser feitas sem qualquer ordem, ou em sequência especial, começando com uma posição suave, de Nível 1 e passando para os Níveis 2 e 3, à medida que se intensifica o calor entre ambos. Da mesma forma, se o sexo na posição de Nível 3 os desgastou, podem alternar para as posições de Nível 1 ou 2 para recarregar a energia.

Para cada posição, nós lhes damos instruções passo a passo, dicas sobre como tornar o sexo mais espiritual e, é claro, o conhecimento necessário para que busquem o orgasmo definitivo. E como sabemos o quanto vocês adoram experimentar, acrescentamos um toque deliciosamente safado do século XXI a cada posição – um toque moderno para um movimento clássico.

Regras de ouro para o sexo do Kama Sutra

O *Kama Sutra* ensina que mente e espírito são os instrumentos mais poderosos em seu repertório sexual, portanto, antes de tentar essas posições, deitem-se lado a lado e sincronizem as respirações (veja página 34). Tentem esvaziar as mentes de todos os pensamentos, exceto os que se referem ao seu parceiro: concentrem-se em uma parte favorita do corpo ou no rosto dele no momento do clímax.

Agora olhe dentro dos olhos de seu parceiro. Inspire durante quatro pulsos do coração e expire por mais quatro. Concentrar-se nas batidas do coração em vez dos segundos significa que está ouvindo os ritmos de seus corpos. Segure essa respiração durante dois pulsos do coração, visualizando a energia e a força vital – *prana* – e o amor que está fluindo entre ambos. Exale de modo uniforme durante quatro pulsos do coração. Repita, mesmo ao beijar e ao começar a fazer amor.

Como não está habituado a pensar em sua respiração durante o sexo, pode ser fácil perder a concentração. Na verdade, quase todos nós descobrimos que, ao estarmos próximos do orgasmo, nossas respirações se tornam rápidas e superficiais. Se um de vocês sentir que está saindo da sintonia, pare o que está fazendo e concentre-se na respiração o tempo que for necessário até voltar à sincronia.

Todas essas posições são planejadas em função das respirações tântricas e serão muito mais orgásmicas se inspirarem e expirarem em uníssono mesmo durante o ato sexual. Alguns devotos do Tantra juram que isso faz com que o orgasmo dure por alguns segundos extras.

O Lótus

Como fazer: O Lótus é uma posição sentada clássica da Yoga. Presta-se muito bem a esse abraço íntimo. Os parceiros sentam-se frente a frente em uma cama ou esteira, olhando fixo seus rostos e corpos para desenvolver a excitação. Ele senta com as pernas cruzadas no tornozelo, mostrando o pênis e usando a mão para enrijecê-lo. Ela então se movimenta na direção de seu parceiro e senta-se montada sobre ele, envolvendo-lhe as costas com os braços e as pernas. Em vez de se impulsionar para cima e para baixo, a mulher contrai e relaxa seus músculos vaginais, mantendo apenas o movimento pélvico suficiente para que o pênis dele continue ereto, mas não a ponto de fazê-lo sentir que se aproxima do clímax.

Excelente para...
Uma intimidade lenta e experimentação de casais novatos em sexo tântrico. O contato face a face significa que vocês podem conversar e dar risada enquanto tentam suas novas técnicas. A ternura e a honestidade nessa posição significam que, emocionalmente, não há onde se esconder.

Dica tântrica
Os praticantes tântricos acreditam que se a coluna vertebral de um homem ficar ereta durante o ato sexual, ele será capaz de moderar sua paixão e retardar a ejaculação por até seis horas. É verdade que é improvável que ele atinja o clímax muito cedo, e esta é uma fabulosa posição para deixá-lo concentrado no prazer de sua parceira.

Toque do século XXI
Aproveite a tecnologia dos brinquedos eróticos para intensificar seu orgasmo. Deslizar um anel peniano com vibrador sobre a base do pênis provocará e excitará o clitóris da parceira, significando que é mais provável que ela chegue ao clímax dessa forma do que apenas com a penetração.

Abraço de Leite e Água

Como fazer: Quando um homem e uma mulher estão muito apaixonados e se abraçam como se fossem entrar um no corpo do outro, isso é chamado de "mistura de leite com água". Essa posição começa com um abraço amoroso que aumenta a intimidade e o calor.

60 Em uma cadeira, na qual o homem possa se sentar confortavelmente, com almofadas, se necessário, a mulher senta-se em seu colo com as pernas nas laterais, e o rosto virado para a frente. Ele a envolve com os braços e brinca com o seu clitóris. Ela guia seus dedos e lhe mostra o que quer. O pênis dele repousa entre as nádegas da parceira, que as aperta para provocá-lo, adorando sentir que ele está ficando cada vez mais ereto. Quando está lubrificada e excitada, ela se levanta levemente e se abaixa sobre ele. Abracem-se fortemente: o orgasmo é atingido com o balanço e o movimento de vai-e-vem. Isso pode ficar muito cansativo para as coxas dela, já que é preciso levantar-se e abaixar-se para controlar a profundidade das penetrações.

Dica tântrica
O Abraço de Leite e Água começa lentamente, mas a sensação é tão deliciosa que talvez vocês queiram partir para uma posição mais intensa, especialmente se a mulher atingir o orgasmo primeiro e ele sentir necessidade de penetrações mais intensas para chegar ao clímax. Se a mulher se curvar delicadamente de quatro e ele se ajoelhar atrás dela, poderão discretamente deslizar para a posição A Corcova do Camelo (veja página 80).

Toque do século XXI
Coloque um espelho de tamanho grande a alguns centímetros de sua cama e observem-se movendo-se juntos, quando seus corpos estão fundidos em um só.

Excelente para ...
Como em todo sexo por trás, seu pênis está em excelente posição para estimular o ponto G dela. E como não há uma grande amplitude de movimento, é provável que você demore mais que o normal – e quanto mais tempo o pênis bater em seu ponto G, mais provavel será que ela goze dessa maneira.

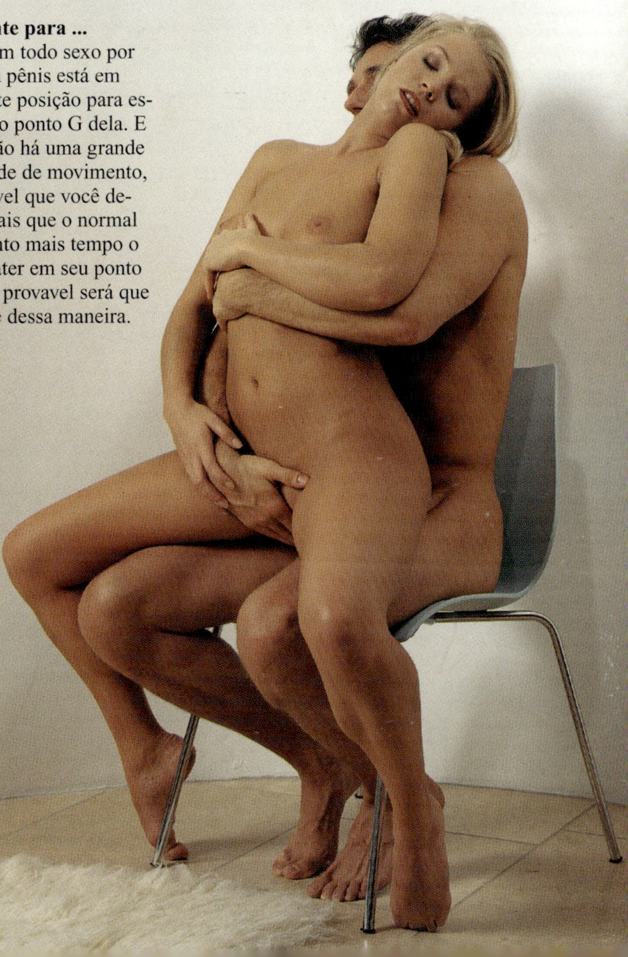

Excelente para...
A penetração superficial é excelente, caso ele tenha um pênis muito grande ou ela, algumas vezes, achar que a penetração é desconfortável.

A Trança

Como fazer: Esta é uma das primeiras posições mencionadas no *Kama Sutra* e perfeita para iniciantes, visto que rapidamente desenvolve intimidade e excitação, permitindo o contato de corpo inteiro em uma posição repousante para os dois parceiros. Deitem-se de lado, olhando-se de frente. Olhem-se profundamente nos olhos e deixem que seus membros se entrelacem. Saboreiem a sensualidade de seus corpos enredados. Ela separa levemente as pernas, permitindo o acesso dele à sua vagina e a penetração. Colocando a parte superior da coxa sobre o seu parceiro, a mulher poderá aumentar a intensidade e a profundidade. Ela pode alterar a firmeza do abraço, elevando ou abaixando sua perna. Se quiser um pouco mais de entra-e-sai, o homem poderá se erguer sobre o joelho, enquanto ela continua de lado com uma perna pendurada sobre a coxa dele.

Dica tântrica

Isso é realmente íntimo e vocês podem falar e beijar-se o tempo todo; na verdade, o sucesso da posição depende de continuarem entrelaçados (daí vem o nome da posição), se não a gravidade poderá interferir e ambos cairão do outro lado da cama. Um beijo do *Kama Sutra* é perfeito para essa posição: tente o beijo no lábio superior (veja página 39) para infundir energia extra no clitóris dela.

Toque do século XXI

Cubram-se com óleo de massagem ou lubrificante e deslizem sobre um lençol de borracha para acrescentar desafio e um elemento de diversão a essa posição.

A Postura do Elefante

64

Como fazer: Ela se deita com os seios, barriga, coxas e pés voltados para baixo, todos tocando o leito. O homem se deita sobre ela com uma parte de suas costas arqueada para dentro. A mulher levanta as nádegas para que ele a penetre – talvez ela ache mais fácil deslizar um travesseiro sob os quadris para que seu bumbum aponte para cima e o parceiro tenha uma boa visão de sua vagina, quando ela abrir as pernas. Depois que ele estiver dentro dela, a mulher poderá intensificar as sensações de ambos, pressionando as coxas para aproximá-las estreitamente.

Excelente para ...
Essa posição é magnífica para o homem que gosta de estar no controle. A penetração estimula o ponto G da mulher. Ela mal pode se mover em razão do peso de seu amante. Muitas mulheres consideram essa falta de controle incrivelmente excitante.

Dica tântrica
Isso foi inspirado pelos padrões de acasalamento dos elefantes na Índia, que não é a imagem erótica mais óbvia para os amantes modernos – contudo, a excitação dessa posição é eterna. Solte seu animal selvagem interior e faça-o uivar da forma mais alta e apaixonada possível.

Toque do século XXI
Essa posição também é incrível para dar leves palmadinhas que, além de fazer a mulher se sentir uma garota levada, também faz o sangue afluir para toda a região pélvica, tornando-a mais sensível. Um leve tapa na coxa, com o dorso da mão ou uma palmatória pode levar o sexo de A Postura do Elefante para uma nova dimensão.

O Bocejo

Como fazer: A mulher deita-se de costas na cama e abre totalmente as pernas – é de onde vem o nome dessa posição. O homem pode lhe fazer sexo oral ou brincar com seu clitóris até que ela comece a implorar para que entre nela, e então, apoiando-se nos antebraços, ele a penetra. Mantendo as coxas abertas, ela poderá experimentar diferentes posições da perna, como estendê-las ou cruzar os tornozelos nas costas do amante. A cada vez que ela movimenta as pernas, o ângulo de sua vagina se altera ligeiramente e a penetração é sentida de modo diferente. Cada casal terá uma versão favorita dessa postura – é divertida para inventar todas as posições possíveis até descobrirem a melhor para os dois.

Excelente para...
A penetração profunda e a estimulação do clitóris ao mesmo tempo: ela pode empurrar a pelve para a frente e roçar furiosamente na base do osso púbico dele para criar a fricção que precisa para atingir o clímax.

Dica tântrica
Diz o *Kama Sutra* que, nessa posição, a mulher "deixa de lado toda timidez". Abandone qualquer timidez e verbalize explicitamente as sensações deliciosas que um está fazendo o outro sentir.

Toque do século XXI
Liberem seus sentidos primários e confiem no tato, paladar e olfato para vivenciar essa posição em sua máxima intensidade. Usem tampões de ouvidos e apaguem a luz – explorem seus corpos de um modo completamente diferente, enquanto se valem apenas de suas mãos e bocas para guiá-los.

A Deusa Dominante

66

Como fazer: Na crença hindu, cada deus possui sua deusa correspondente para lhe dar energia e força. A literatura muitas vezes menciona as deusas em cima de seus deuses em união sexual. O homem deita-se costas, enquanto a mulher senta-se de pernas abertas sobre seu corpo antes de deslizar delicadamente sobre sua ereção e usa suas coxas para movimentar-se para cima e para baixo, com todo o corpo balançando-se para a frente e para trás o máximo possível. A mulher pode inclinar-se para trás para aumentar o ângulo da penetração do amante, mas isso pode ser feito lentamente pois o pênis não pode ser usado em curvatura nesse ângulo. Se o homem der um gemido que soe mais como dor do que como prazer, volte à versão convencional dessa postura. Se ele ficar frustrado por não conseguir controlar a investida do pênis, então poderá guiar a cintura e as nádegas da parceira que se movem para cima e para baixo.

Excelente para ...
Esta é uma posição ideal durante a gravidez quando a barriga dela não pode ser comprimida. Ele tem fácil acesso a seu clitóris e pode acariciar e provocá-la até o orgasmo com pouco esforço, especialmente se utilizar um vibrador.

Dica tântrica
Quando a parceira o cavalga, imagine que ela é a deusa doadora de vida e respire em sintonia, sentindo o pulsar da crua energia sexual entre seus corpos.

Toque do século XXI
Os antigos indianos costumavam adornar o corpo, e vocês podem fazer o mesmo – desde um sutiã sem bojo com os seios à mostra, na extremidade mais suave da escala, até os prendedores de mamilos na extremidade mais pesada. Isso torna a visão do parceiro até mais excitante, podendo intensificar as sensações e o orgasmo da mulher.

A Posição Pressionada

68

Como fazer: O homem se ajoelha na cama e ela deita-se de costas, levando os joelhos até seu queixo, para que, no momento da penetração, seus pés fiquem um de cada lado da cabeça dele, ou repousando em seu peito. O homem segura as coxas ou as canelas da mulher, enquanto ela se segura nos quadris dele. A mulher fica de costas com os pés no peito do parceiro e com os joelhos tocando os próprios ombros. Ele deve tomar cuidado ao penetrá-la, pois a vagina está encurtada e a sensação é intensa.

A mulher precisa ser ousada e dizer ao parceiro exatamente do que gosta e até onde ele pode introduzir o pênis sem lhe causar dor. Usando os pés, ela pode estabilizá-lo, impedindo que ele faça movimentos muito brutos. Em uma pausa da penetração, o homem pode prestar atenção aos pés da parceira. Segurando um pé em cada mão, ele pode massageá-los.

Excelente para ...
A penetração profunda em um ângulo não habitual. Ela pode estender o braço por baixo do parceiro e alcançar seus testículos ou acariciar seu períneo para intensificar-lhe o orgasmo.

Dica tântrica
Se a mulher levantar a perna direita até a altura do peito do parceiro, poderá sentir com a sola do pé o pulsar do seu coração – uma experiência incrivelmente terna de ligação.

Toque do século XXI

Essa é a oportunidade perfeita para levar para o seu quarto um fetiche para usar. A mulher nua e só com um par de botas, ou sapatos de saltos altos, provocará uma sensação incrivelmente sensual e poderosa – e seu amante apreciará o jeito como o seu salto empurra sua pele em uma carícia breve e aguda no limite entre o prazer e a dor.

A Segunda Posição do Jardim Perfumado

70

Como fazer: Comece com a posição O Bocejo (veja página 65), mas em vez de deitar-se com as pernas na cama, a mulher as dobra para trás, para que seus joelhos toquem o próprio peito e as pernas fiquem esticadas, ligeiramente afastadas para que ele possa se inclinar e beijá-la. O homem precisa usar suas mãos para apoiar o próprio peso: a mulher pode segurar os tornozelos para estabilizar as pernas e permitir que ele a penetre com mais facilidade.

Excelente para...
O *Kama Sutra* recomenda essa posição para o homem com pênis muito pequeno, pois isso lhe permite a mais profunda das penetrações. Ela pode achar a introdução vaginal muito dolorosa e estimulante – especialmente se o pênis do parceiro for maior que o normal – sendo necessário que ele recue um pouco.

Dica tântrica
Essa posição realmente estica a parte de trás das pernas da mulher. Para aquecimento espiritual, talvez vocês queiram fazer uma aula de Yoga ou assistir a um DVD de Yoga juntos antes de fazer amor.

Toque do século XXI
Introduza um elemento de fantasia assumindo os papéis de criada sexy e patrão dominador. Ela usa calcinhas com laços nas laterais que ele precisa rasgar, ou puxar para o lado, antes de penetrá-la.

Ato Sexual da Vaca – a mulher por cima

Como fazer: Esta é a posição mais comum para um fazer sexo oral no outro ao mesmo tempo – geralmente conhecida como "69". Ele deita-se na horizontal com os braços dos lados, ou ao redor das nádegas da parceira. Ela fica de quatro com as nádegas para cima, pairando sobre o rosto dele. A mulher se apoia sobre os antebraços e com a boca no pênis. Os benefícios dessa posição são que ela pode controlar o ritmo do *cunnilingus* que recebe, mexendo os quadris no ritmo. Seus seios vão roçar a barriga e as coxas do parceiro, excitando-o enquanto a fricção sobre seus mamilos também a estimula.

Excelente para...
Essa posição é um verdadeiro presente para o homem. Ele tem todo o prazer com metade do esforço! Seus braços estão livres para acariciá-la ou estimular-se, caso ela se canse.

Dica tântrica
Não se preocupe caso não veja estrelas na primeira vez que o praticar. Por ser difícil concentrar-se ao fazer e receber sexo oral ao mesmo tempo, revezem-se – mantendo perfeitamente o espírito de amor altruísta do *Kama Sutra*. Passem minutos alternados estimulando-se – isso deverá levá-los a um tremendo orgasmo.

Toque do século XXI
Para que um sugue os dedos dos pés do outro é necessária uma higiene podal impecável, mas essa é uma sensação incrível – exatamente aquela sensação suave de que você precisa durante essa posição que requer esforço físico.

Ato Sexual da Vaca – o homem por cima

72

Como fazer: A mulher deita-se de costas na cama, com as pernas ligeiramente afastadas, com os braços dos lados. O parceiro se curva sobre ela, de quatro, e está em excelente posição para brincar com os seios dela. Essa é uma posição confortável para o homem, pois seu pescoço não começará a doer. Ele também pode usar as partes internas de suas coxas como um travesseiro. Ele pode ver exatamente o que está fazendo, assim não há desculpa para não achar o clitóris dela e lhe dar muita, mas muita atenção mesmo com a língua.

Excelente para ...
Homens com pênis muito grande e mulheres que adoram fazer sexo oral. Não é fácil para ela colocá-lo por inteiro na boca, mas o parceiro pode se movimentar contra o seu pescoço, bochechas e seios, enquanto ela passa a língua em seu ânus, testículos e períneo (a pele sensível entre os testículos e o ânus).

Dica tântrica
Mais uma vez, é difícil fazer duas coisas ao mesmo tempo, três se contar com sua respiração tântrica. Essa posição é perfeita para aqueles momentos em que você está com vontade de brincar e o orgasmo não é o objetivo imediato. Pratique-a como uma preliminar e saboreie essa atividade, enquanto faz amor em uma das posições mais tradicionais.

Toque do século XXI
Passe uma quantidade generosa de lubrificante com sabor ou pinte toda a frente de seus corpos com tinta corporal de chocolate antes de começar. Usem as bocas para lamber o máximo possível das zonas erógenas do parceiro, garantindo que cada uma delas receba um delicioso banho de língua.

74

A Posição Escancarada

Como fazer: Comece como se fosse fazer amor na posição papai-mamãe: o homem em cima, apoiando-se sobre os cotovelos e a mulher deitada de costas. Quando ele estiver confortavelmente dentro da parceira, ela passa suas pernas em torno das costas dele, envolvendo-o e levantando a pelve nesse ato, assegurando que o seu clitóris continue em contato com o osso púbico dele. Ele então se levanta, de quatro, de forma que ele sustente todo o peso do corpo dela com as costas e os ombros. O homem fica totalmente parado enquanto ela roça o clitóris contra o seu osso púbico, garantindo a estimulação de que ela precisa para chegar ao orgasmo, o que dá ao parceiro fricção suficiente para manter sua ereção, mas não a ponto de levá-lo ao clímax. Quando ela se aproximar do orgasmo, poderá proporcionar um pouco mais de excitação ao parceiro. Se ela se impulsionar apenas até a metade do pênis do parceiro, irá se concentrar nas terminações nervosas da ponta sensível do pênis.

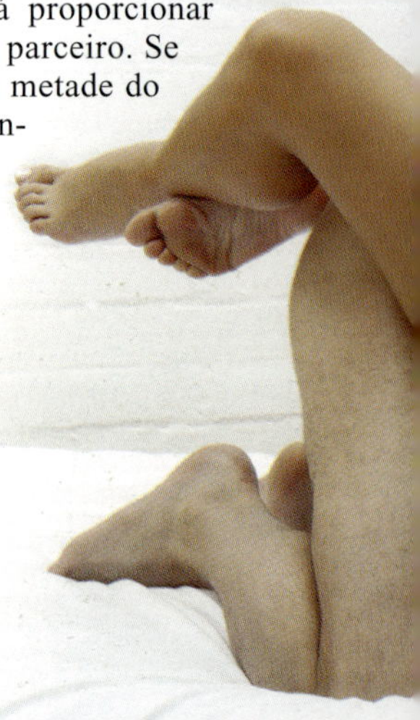

Dica tântrica

Com tanto a fazer, é fácil perder o controle da respiração, que é tão vital ao sexo do *Kama Sutra*. Para ajudá-los a sincronizar as respirações, comprem um CD de música ambiente agradável em uma loja *new age* e utilize como guia a batida suave da música.

Excelente para ...

Essa posição é fabulosa para atingir o orgasmo simultâneo. Os homens geralmente gozam mais cedo que as mulheres, assim qualquer coisa que acelere o clímax dela e retarde o dele dará a chance de chegarem juntos ao orgasmo. Essa posição proporciona a exposição total do clitóris para a fricção do ato sexual, controlada por ela, o que significa que poderá roçar a um ritmo e intensidade que combinem com ela. Mas esse clímax é retardado: o esforço que ele faz ao carregá-la poderá render preciosos minutos extras do ato sexual, uma vez que o sangue se afasta de sua ereção, afluindo para seus músculos corporais superiores.

Toque do século XXI

A Posição Escancarada obviamente dependerá de uma mulher razoavelmente leve e um homem razoavelmente forte sem quaisquer problemas nas costas. Se essa posição exigir muito, mantenha uma pilha de almofadas por perto ou invista em uma mobília sexual – peças especialmente projetadas para acomodar e apoiar dois parceiros ousados.

A Posição Virada

76

Como fazer: Pense nessa posição como um papai-mamãe, mas o homem vira de cima para baixo: é de onde vem seu nome. Os muito aventureiros podem ficar tentados a iniciar essa posição com o estilo papai-mamãe, girando depois como um saca-rolhas, mas eu desaconselho essa posição para qualquer um que não seja praticante mais avançado do Tantra. Em vez disso, a mulher fica de costas com as pernas ligeiramente afastadas, enquanto o homem se deita em cima dela, com o rosto voltado para os seus pés. O tronco do homem fica entre as pernas da parceira, seus braços ficam ao lado das pernas dela, enquanto suas pernas ladeiam os ombros dela. A penetração é quase impossível, a menos que a mulher incline a pelve para cima para acomodar o pênis: colocando-se dois travesseiros embaixo de seus quadris ficará mais fácil. A profundidade superficial significa que, em vez de uma vigorosa penetração com que você consegue lidar em outras posições, você usa um movimento de suave balanço.

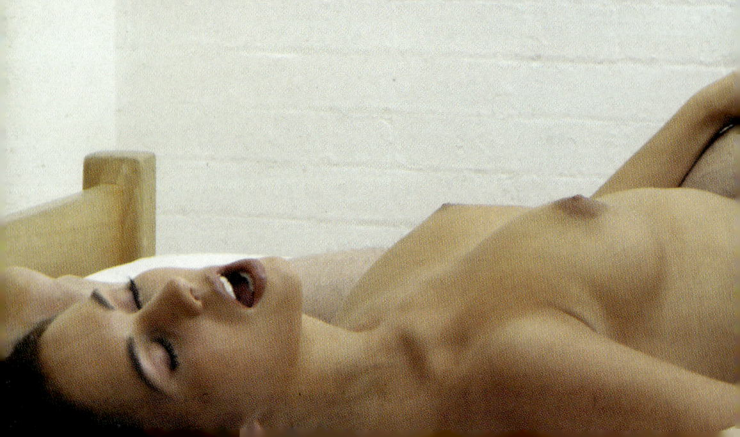

Excelente para ...
Como ele não pode penetrá-la muito profundamente, a ponta sensível de seu pênis receberá muita atenção. Ela vai apreciar a sensação de seus testículos acariciando-lhe a vagina.

Dica tântrica
É difícil manter a respiração sincronizada e o contato ocular, que torna o sexo do *Kama Sutra* tão especial quando suas cabeças estão em extremidades opostas na cama. Os parceiros seguram os pés um do outro, e pressionam os centros carnudos de seus dedões. Esse é um antigo movimento de Yoga que ajudará a energia a fluir entre ambos, mantendo-os conectados.

Toque do século XXI
Essa posição é excelente para experimentar a dominação feminina – um movimento brusco dela, e o pênis estará em agonia. Assim, manipule esse fato. Alugue um traje de dominatrix e empunhe um chicote – ela poderá até posicionar o chicote através dos braços levantados do parceiro para que a sua rendição seja completa.

O Yab-Yum

78

Como fazer: O Yab-Yum é uma versão mais exigente do Lótus (veja página 59), oferecendo o mesmo grau de intimidade, porém com uma penetração mais profunda. O homem senta-se na cama com as pernas dobradas e a mulher envolve-o com seus braços e pernas, abaixando o corpo sobre a ereção do parceiro. Depois que ele estiver confortável dentro dela, a mulher levanta lentamente as pernas e as coloca sobre os ombros dele. Isso oferece a penetração mais profunda que ela precisa, enquanto a parte de cima de sua vagina estira-se e alonga-se nessa posição, negando ao parceiro a estimulação na ponta do pênis que desencadeia o clímax prematuro. O homem pode colocar a mão, ou um travesseiro, sob o bumbum da parceira para levantá-la ligeiramente, o que contribui para melhor estimulação na base do osso púbico dele. Ele faz movimentos delicados de investida, enquanto a parceira comprime os músculos pubococcígeos (veja página 25) para massagear o parceiro até o orgasmo.

Excelente para...
Mulheres que adoram a penetração profunda, mas não querem o sexo por trás. A parte de cima de sua vagina estira-se e alonga-se nessa posição, negando ao homem a estimulação na ponta do pênis que pode desencadear um clímax prematuro.

Dica tântrica
Ao atingirem o orgasmo, não se afastem: depois de satisfeitos, continuem na posição Yab-Yum, respirando harmoniosamente até que o pênis fique totalmente flácido. Raramente permitimos que isso aconteça, mas é um final muito delicado e íntimo para uma sessão de relações sexuais.

Toque do século XXI
Juntar os tornozelos dela com algemas introduz um elemento pervertido de *bondage*, que se justapõe muito bem à ternura do Yab-Yum. Se fizerem isso, será necessário que ela feche as algemas em torno dos tornozelos antes de erguê-los sobre a cabeça do parceiro.

A Corcova do Camelo

80

Como fazer: O homem precisa de uma ereção total. A mulher fica inclinada contra uma parede ou segurando-se a algo como o peitoril de uma janela ou a extremidade de uma cama para se apoiar. Ele fica atrás da parceira e inclina as pernas até se abaixar o suficiente para penetrá-la por trás. Ambos dobram as pernas até encontrarem uma posição em que ambos fiquem confortáveis e, balancem suavemente em direção ao clímax. Essa posição requer algum tempo para se acostumar; portanto, se a mulher achar difícil se equilibrar, poderá se inclinar para frente até estar confiante o suficiente para se levantar. Se houver discrepância na altura dos parceiros, a mulher poderá se apoiar em um pé só ou na borda da cama.

Excelente para ...
Essa é a posição perfeita se ela tiver pernas muito longas e magras, ou se ela for mais alta que ele. É ideal para uma mulher elefante e um homem coelho. Como as pernas dela agem como uma extensão da vagina, isso contribui para uma penetração mais apertada para o parceiro, além de estimular as terminações nervosas dos lábios vaginais e as partes internas das coxas.

Toque do século XXI
Essa também é uma magnífica posição para casais que gostam de ver pornografia juntos. Pense nisso como um sexo grupal seguro: com o filme erótico certo e uma tela de televisão bem posicionada, ambos podem aproveitar o estímulo de assistir outros corpos enquanto sente o corpo do parceiro, tendo a certeza de que o seu segredinho excitante ficará só entre vocês dois.

Dica tântrica

A comunicação é a chave para o bom sexo, mas algumas vezes pode ser difícil expressar nossas fantasias. Nesse caso, não há contato visual para deixá-los tímidos, mas vocês estão perfeitamente posicionados para sussurrar – ou gritar – cada mínimo pensamento depravado e devasso que lhes vier à cabeça.

Excelente para ...
Essa posição oferece a penetração profunda para a mulher e a parte interna de suas coxas agem como uma extensão da vagina, sendo muito aconchegante para seu parceiro. Ainda que ela não possa usar as mãos para brincar com seu clitóris, algumas mulheres sentem que, ao pressionar as pernas com firmeza, o clitóris fica avolumado e toda a área pélvica se torna ainda mais sensível.

Dica tântrica
Essa é uma boa posição para o homem que deseja praticar a técnica tântrica de começa-e-para. A penetração é profunda e confortável, mas se ele retirar um minuto o pênis sempre que sentir a aproximação do orgasmo e usar os exercícios de respiração para se acalmar, é possível que a prolongue três ou quatro vezes mais que o normal.

Toque do século XXI
Revezem-se passando uma pena de pavão em todas as zonas erógenas favoritas de seu parceiro. Essa provocação com cócegas proporciona um delicado contraste com a natureza vigorosa da posição, e rir juntos é uma parte fundamental de curtir o sexo.

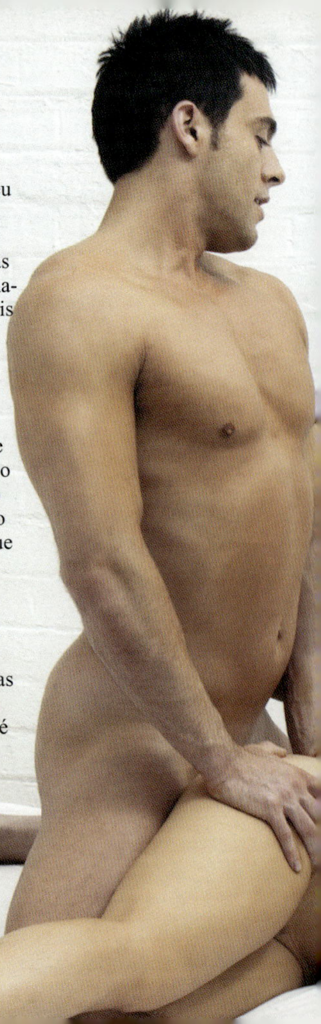

A Pegada de Lado

83

Como fazer: A mulher se deita de lado, com as pernas em ângulo de 90º em relação ao próprio tronco, para que, visto de cima, seu corpo fique com a forma de L. Ele se ajoelha na cama, com os quadris alinhados aos dela. Caso queiram, ele poderá pôr suas mãos nos quadris da parceira para se firmar. Ela afasta as pernas ligeiramente para permitir sua penetração, comprimindo-as em seguida para proporcionar ao pênis uma deliciosa massagem, à medida que ele faz movimentos para dentro e para fora. Ela pode virar a parte superior do corpo para ficar deitada de costas, mas mantendo as pernas de lado – dessa forma, ambos combinam as sensações físicas e o aconchego da penetração por trás, com o contato face a face.

O Andar do Cisne

84

Como fazer: O homem fica deitado, na horizontal. Com o rosto virado para a frente, a mulher agacha-se sobre ele, olhando para os pés do parceiro, abaixando-se lentamente sobre o pênis ereto, introduzindo os pés sob a parte superior das coxas dele. Ela se inclina sobre suas mãos e movimenta-se, balançando-se para cima e para baixo, rolando os quadris em um delicado movimento em forma de oito para estimulá-lo. As mulheres flexíveis podem se inclinar para trás, para que suas costas se apoiem sobre o peito do amante, o que aumentará a intensidade da penetração. Tome cuidado ao se inclinar para a frente nessa posição, pois isso forçará a ereção para uma posição incomum e potencialmente desconfortável para o parceiro.

Excelente para ...
Dar poder às mulheres e muitas delas acham que essa é a melhor maneira de chegar ao orgasmo durante o sexo, pois são elas quem controlam o ritmo e a profundidade da penetração – e o acesso ao próprio clitóris significa que poderão chegar lá com os próprios dedos. Também é uma posição relaxante e de baixa energia para homens que geralmente assumem o controle na cama.

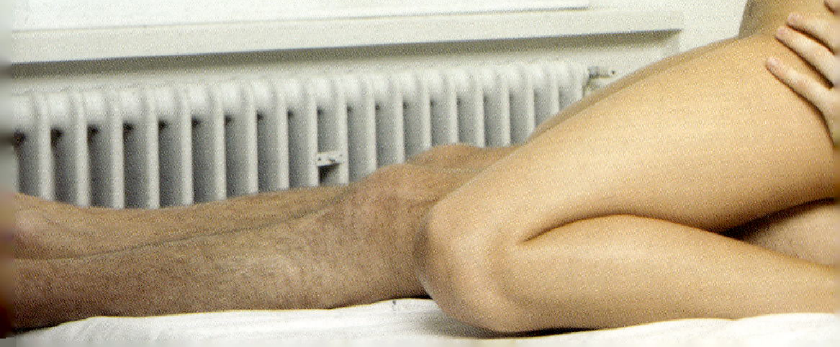

Dica tântrica

Nessa posição, um não pode ver o outro; portanto, é importante que usem o trabalho respiratório para permanecerem conectados. Tentem inspirar durante quatro batimentos do coração, prendendo a respiração durante dois ou três batimentos e depois expire durante quatro. Além de sincronizar seus corpos e almas, a tensão e a liberação da respiração simulam um orgasmo – e preparam seus corpos para um incrível clímax.

Toque do século XXI

Experimente com os *plugs* (tampões) anais. Esses brinquedos destinam-se a entrar no ânus e muitas vezes têm anexos decorativos ou *kitsch*, como rabos–de- cavalo falsos. Para a mulher, eles aumentarão a sensação plena e de satisfação da penetração em sua vagina, enquanto para o homem, estimularão a próstata, dando-lhe um orgasmo "do outro mundo". Lubrifiquem os *plugs* e então os introduzam um no ânus do outro.

O Ato Sexual Suspenso

86

Como fazer: O homem começa de joelhos e pede à parceira para descer o corpo sobre sua ereção, de frente para ele. Ao fazer isso, ela envolve a cintura do parceiro com as pernas e põe os braços ao redor do seu pescoço. Então, ele se levanta devagar, segurando-a com os braços e balançando a parceira lentamente, conduzindo-a até o clímax. O *Kama Sutra* diz que essa posição deve ser mantida por alguns minutos sucessivamente sem qualquer apoio, mas isso não é muito realista, então talvez ele queira sentá-la na beira da cama, em uma cadeira, mesa ou superfície plana – qualquer superfície próxima que tenha mais ou menos a altura da pelve do parceiro.

Excelente para ...
Essa posição exibe um corpo masculino forte e força bruta, e faz a mulher se sentir classicamente feminina e vulnerável. Embora nenhum dos parceiros fique com as mãos livres para estimular o clitóris dela, a fricção do clitóris roçando contra o osso púbico do parceiro deve fazê-la atingir o orgasmo.

Dica tântrica
Nas suas próximas férias, tente essa posição em uma piscina particular com flores de lótus espalhadas. Seus músculos serão sustentados pela água: vocês poderão então concentrar-se nas próprias sensações em vez de usar a força para apoiar um ao outro.

Toque do século XXI
Se ela ficar com os olhos vendados nessa posição, as sensações de vulnerabilidade e confiança do parceiro serão absolutamente intensas, ele precisa ficar de olhos abertos – pois não vai querer deixar cair sua preciosa carga!

Montando a Cavalo

Como fazer: O homem se deita de costas com os joelhos dobrados sobre o peito. A mulher está no controle e achará as expressões faciais dele muito excitantes, à medida que começa lentamente a masturbá-lo. Ela se senta de pernas abertas sobre o parceiro, enquanto as pernas dele ficam sob seus braços para apoiá-la, e as suas ladeiam o corpo dele. Ela se abaixa até que o amante esteja bem fundo dentro dela e então se movimenta para cima e para baixo, em um ato de bombear, controlando a profundidade e o movimento de investida.

Excelente para ...
Essa é a posição clássica de adoração da deusa – a mulher aqui é poderosa. O homem deve elogiar seu rosto, seios e vagina usando uma linguagem explícita que deixa os dois parceiros muito excitados.

Dica tântrica
Embora a verdadeira posição exija muito esforço físico, a velocidade com que é praticada é variável para que ambos possam alterá-la, dependendo do humor. Ambos poderão ter uma visão ampla e essa posição permite que o pênis explore cada centímetro das paredes da vagina.

Toque do século XXI
Como ambos estão muito ocupados balançando-se, a estimulação muito importante do clitóris pode ser contornada, adotando-se a opção com as mãos livres de uso de um pequeno vibrador de clitóris. Passem-no sobre seus corpos antes de comprimi-lo entre o clitóris dela e o osso púbico dele.

Os Gatos

88

Como fazer: A mulher começa ficando de quatro no chão ou na cama. O homem segura cuidadosamente os tornozelos dela e levanta-os ao nível de seus quadris, assim as mãos dela são a única parte de seu corpo no chão e sua pelve fica suspensa no ar. Ele levanta as pernas da parceira e as separa enquanto a penetra por trás. Ela também pode envolver a cintura do parceiro com as pernas, cruzando os tornozelos atrás de suas costas para ter um apoio extra. Ele penetra-a lentamente (dependendo de seus corpos, pode ser uma boa ideia que ele incline um pouco os joelhos). Ele tem ampla visão do bumbum da parceira, enquanto impulsiona o pênis dentro dela. Há um grande fluxo sanguíneo nos mamilos dela, o que significa que toda a frente de seu corpo estará sensível, se o parceiro se cansar e decidir então alternar para uma posição face a face. No entanto, ela precisará de boa força corporal para se apoiar nessa posição durante qualquer período de tempo: se apoiar na beira da cama, remove a tensão de seus braços e punhos.

Excelente para ...
É incrível para um homem coelho e uma mulher elefante, uma vez que a penetração é muito aconchegante nesse caso. Até o menor pênis ou a vagina mais larga conseguirão uma feliz parceria nessa posição!

Dica tântrica
Nessa posição, o homem fica completamente no controle, como um grande gato macho. É ótima para o sexo ao ar livre, quando ambos desejam uma volta à natureza. Os antigos hindus fariam amor sob as estrelas. Não é hora de você tentar a mesma coisa?

Toque do século XXI
Antes de fazer amor nessa posição, por que não investir em coleiras e guias e revezar-se em conduzir um ao outro ao redor da casa? Experimentar com controle e submissão desta forma é um jogo divertido que pode levar à mais profunda e sombria das fantasias.

Excelente para ...
Exibir-se! Essa é uma das mais exigentes posições do *Kama Sutra*, sendo adequada para praticantes de Yoga, já que a mulher precisa ser flexível e ágil. O homem também precisa ser confiante de que pode aguentar o peso dela.

O Arco Suspenso

Como fazer: A descrição de Vatsyayana do arco suspenso é que essa posição faz com que os parceiros pareçam "elos de uma corrente", e certamente estarão atados um ao outro. Comecem ficando em pé, frente a frente. Ele dobra os joelhos até que ela possa se abaixar confortavelmente sobre seu pênis ereto. Comecem a fazer sexo em pé como em O Ato Sexual Suspenso (veja página 86). Quando conseguirem dominar essa posição, o homem segura os quadris da mulher e inclina-se ligeiramente para trás, com a certeza de manter o seu equilíbrio. Soltando o pescoço do parceiro, e agarrando-se aos seus antebraços para ter apoio, ela se inclina gradualmente para trás até poder se soltar e colocar as mãos no chão. Então, poderá levantar completamente os pés do chão, agarrando as costas do parceiro com os tornozelos para se apoiar; assim, ambos poderão se balançar em vez de impulsionar. A postura modifica completamente o ângulo de penetração, encurtando a vagina e pressionando o pênis para baixo.

Dica tântrica
Essa posição demonstra a completa confiança na mobilidade de cada parceiro. Mantenha esse pensamento durante a respiração, inspirando e expirando juntos.

Toque do século XXI
Como ele está olhando diretamente para baixo, para a vagina da parceira, é fácil aumentar o seu prazer visual. Depilar os pêlos púbicos e decorar o monte-de-vênus com joias que aderem ao corpo vai incrementar muito essa posição, que já é excitante.

A Roda do Kama

92

Como fazer: O homem senta-se com as pernas esticadas e separadas. A mulher fica de frente e se abaixa sobre o pênis do parceiro, estendendo as pernas sobre ele, de tal forma que as pernas de ambos se direcionem para as costas um do outro. Os braços do homem circundam a mulher, apoiando a parte superior de suas costas, enquanto ela se segura na parte externa dos braços dele. Ambos se inclinam para trás, criando uma forma circular que dá nome a essa posição. Muitas mulheres adoram a sensação de rendição e vulnerabilidade que essa posição promove: ela lança a cabeça para trás para expor os seios e a parte superior de seu corpo, enquanto suas pernas se separam, revelando o clitóris e a vulva, e assim ela se deleita com a atenção, enquanto seu amante aprecia a vista.

Excelente para ...
A Roda do Kama promove enormes sensações de intimidade e confiança, quando ambos estiverem apoiados um no outro para sustentar o peso de seus corpos. É uma questão de equilíbrio e igualdade, duas qualidades vitais para o sexo tântrico.

Dica tântrica
Essa posição relacionava-se originalmente à meditação e não ao orgasmo e nem sempre é satisfatória do ponto de vista erótico. A investida do pênis é quase impossível nessa posição, assim o homem pode não acelerar em direção ao clímax. Pode ser muito liberador que ele se concentre no ato sexual quando o orgasmo não é o único objetivo.

Toque do século XXI
A estimulação do clitóris infelizmente é quase impossível sem uma ajuda. Os acessórios vibratórios, que repousam levemente no clitóris, mas que ainda dão ao homem acesso à penetração, entram em posições como essa. Quando a mulher goza, as contrações podem ser suficientes para levar seu parceiro ao clímax sem investidas.

A Elevação

94

Como fazer: A mulher deita-se de costas com as mãos apoiando o próprio peso, como se fosse erguer-se de ombros. O homem se ajoelha à sua frente e puxa os tornozelos dela para cima, na direção de seus ombros; assim, as pernas da mulher repousam sobre o corpo do parceiro, enquanto seus tornozelos ladeiam o pescoço dele. A mulher, envolvida pela parte interna das coxas do homem, levanta as pernas com os pés e os tornozelos apoiados nos ombros dele. Ela se se segura nos quadris dele, enquanto o parceiro segura suas coxas ou tornozelos. Ele introduz lentamente o pênis em sua vagina, com um movimento circular, enquanto ela se deita, imóvel, e aprecia a sensação da exploração do parceiro em suas profundezas. São necessários flexibilidade e vigor. Se ela tiver problemas cervicais ou lombares, não deve tentar essa posição.

Excelente para...
O *Kama Sutra* recomenda essa posição para a mulher tipo elefante, pois dessa forma a vagina fica bastante encurtada, tornando a sensação de penetração mais apertada: uma mulher menor poderá se sentir desconfortável.

Dica tântrica
A princípio, a penetração parece um pouco estranha; portanto, faça movimentos lentos para começar. Tente algumas investidas não muito profundas em que somente a cabeça do pênis entre na vagina, seguidas de outra mais profunda, e então faça o mesmo ao contrário. Sincronize as investidas do pênis com seus padrões respiratórios.

Toque do século XXI
Faça o seu próprio filme "gonzo". "Gonzo" é o termo usado pela indústria cinematográfica adulta para o filme pornográfico feito por um dos participantes. Ele pode usar uma câmera portátil, ou um telefone celular, para capturar a visão única do corpo dela que isso lhe oferece – e suas mãos ficam livres para corresponder aos agrados.

Este livro foi composto em Times New Roman, corpo 8/9.
Papel Couchê 150g

Impressão e Acabamento
Hr Gráfica e Editora – Rua Serra de Paraicana, 716
Mooca– São Paulo/SP
CEP 03107-020 – Tel.: (011) 3341-6444
e-mail: vendas@hrgrafica.com.br